ELIZABETH CO

LA PERSÉVÉRANCE
me rend plus fort

Adaptation française par Sophie Salaün

Livre par Elizabeth Cole

Copyright © 2023 par Go2Publish SARL - Tous droits réservés

Aucune partie ou information de cette publication ne peut être citée ou reproduite sous n'importe quelle forme que ce soit par des moyens tels que l'impression, la numérisation, la photocopie ou autre sans l'autorisation écrite préalable du détenteur des droits d'auteur. Pour l'autorisation, contactez: go2publish.office@gmail.com.

Clause de non-responsabilité et conditions d'utilisation :
L'auteur et l'éditeur déclinent toute responsabilité en cas d'erreurs, d'omissions ou d'interprétation contraire de l'objet du présent document. Ce livre est présenté uniquement à des fins de motivation et d'information

Ce livre appartient à

Un jour, Nick se réveilla et n'en crut pas ses mirettes.
Quelle surprise, il avait de nouveaux patins à roulettes !
Il en voulait depuis longtemps, et maintenant, âgé de huit ans,
le petit Nick voulait apprendre à en faire, il était impatient.

Mais patiner n'était pas aussi facile qu'il le pensait.
Il tomba et s'écorcha le genou dès le premier essai.
Il se releva, et essaya de nouveau, mais il tomba encore.
Petit Nick fronça les sourcils. « À quoi bon tous ces efforts ! »

Le petit Nick, le visage tout rouge, commençait à pleurer ;
une voix dans sa tête lui répétait qu'il ferait mieux d'arrêter.
« J'abandonne ! » s'écria-t-il, au comble de la colère.
« Patiner, c'est dur. Ce n'est pas pour moi, c'est clair. »

Voyant Nick bouder sur le paillasson de l'entrée,
son père le prit dans ses bras après s'être approché.
« Je sais que tu trouves cela très difficile et très frustrant.
Mais n'abandonne pas au bout d'un jour, pas maintenant.

J'ai ressenti la même chose, moi aussi, quand j'étais enfant.
Je voulais devenir médecin, pour un jour soigner les gens.
Mais j'avais de mauvaises notes en biologie.
J'étais déçu, je me sentais triste et anéanti. »

Son père lui demanda : « Alors, devine ce que j'ai fait ?
J'ai refusé d'abandonner, et je me suis mis à étudier.
J'ai travaillé tous les jours, et j'ai cru très fort en moi.
J'ai fait de mon mieux, et j'ai changé ma note en A.

Lorsque des obstacles surgissent, comme un mur devant toi, si tu veux atteindre ton objectif, la persévérance t'aidera. »
« Quoi ? » Jamais Nick n'avait entendu prononcer ce mot-là.
« La persévérance, qu'est-ce que c'est ? Ça sert à quoi ? »

« La persévérance consiste à ne pas tout de suite abandonner, mais à toujours s'acharner, un jour après l'autre, et continuer.
Tu t'en rendras compte si tu es assez persévérant :
plus tu persévèreras, plus le succès sera réjouissant.

Tu te souviens quand maman a utilisé le four la première fois ? Elle avait décidé de nous préparer un bon gâteau, je crois. Elle était très triste, parce qu'il était amer au lieu d'être sucré. Et le goût était si horrible qu'elle l'a appelé le « Monstre Raté. »

Ta mère n'a pas abandonné après son premier échec ;
mais même son deuxième gâteau était granuleux et sec.
« Je peux le faire », disait-elle, sans jamais se décourager.
Et le dixième gâteau était le meilleur que nous ayons mangé.

Certes, les échecs peuvent causer des ennuis, et nous énerver.
Mais chacun d'entre eux nous rapproche d'un futur succès.
Chaque fois que tu échoues, tu as droit à une nouvelle chance
d'améliorer tes compétences, avec un peu de persévérance.

Comme ton amie Millie, il y a quelques années,
avec ce concours de talents qu'elle voulait gagner.
Elle n'a pas vraiment atteint l'objectif qu'elle s'était fixé ;
malgré cela, elle était enthousiaste, ravie de participer.

« Je peux faire mieux », disait-elle, toujours persévérante.
Et elle a fini par arriver jusqu'en finale l'année suivante.
Elle était dans les trois premières tout en conservant son but
de devenir la meilleure danseuse que le monde ait jamais vue.

Tu vois, c'est difficile de continuer à essayer quand on a échoué.
Mais le meilleur choix à faire, c'est de garder la tête relevée.
Nous faisons tous des erreurs, ce n'est pas une raison pour pleurer.
Il n'y a aucun mal à en faire, à échouer, du moment que tu as essayé.

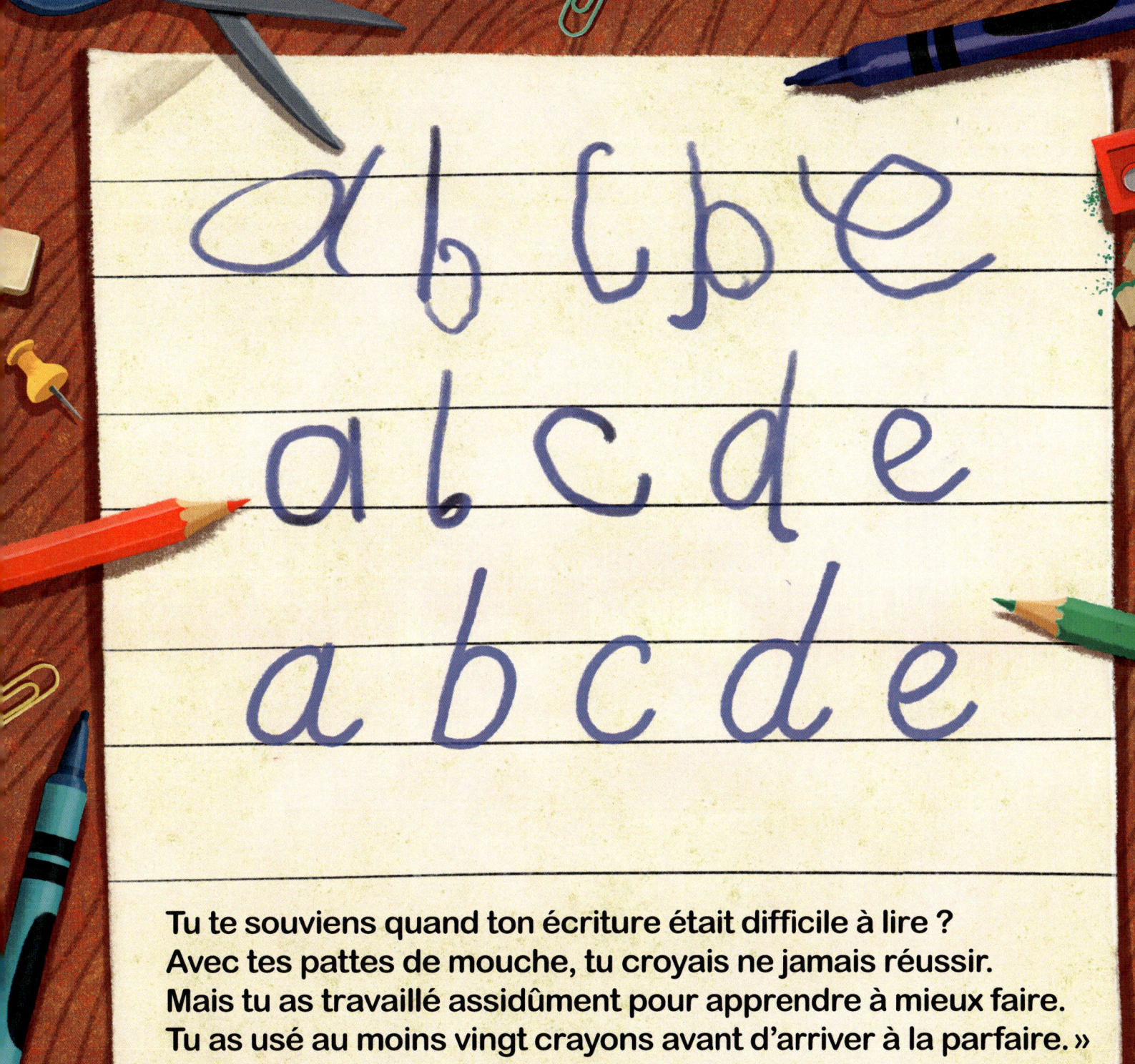

Tu te souviens quand ton écriture était difficile à lire ?
Avec tes pattes de mouche, tu croyais ne jamais réussir.
Mais tu as travaillé assidûment pour apprendre à mieux faire.
Tu as usé au moins vingt crayons avant d'arriver à la parfaire. »

Nick dit : « J'ai compris ! » et se leva aussi vite qu'il le put.
Avec l'aide de son père, il patina jusqu'au bas de la rue.
Il s'acharna, virevolta et dérapa dans toutes les directions.
Et il se retrouva par terre en de très nombreuses occasions.

Les échecs ne l'empêchèrent pas de faire ce qu'il voulait.
« Patiner, ce n'est pas aussi difficile qu'il n'y paraît. »
Il avait fait des kilomètres après quelques jours d'entraînement.
Affichant un sourire immense, le petit Nick patinait finalement.

Il était plus que ravi de ne pas avoir renoncé,
surtout lorsque son père le complimentait.

Nick comprit qu'il pourrait faire bien mieux encore,
grâce à ces encouragements qui le stimulaient si fort.
Lorsqu'il commença l'escalade, il savait quoi se répéter.
« Si j'échoue aujourd'hui, demain, j'arriverai au sommet. »

Il renforça sa confiance avec son état d'esprit positif.
Ce qui le poussa à se chercher de nouveaux objectifs.
Le petit Nick se répétait au début de chaque journée :
« Je crois en moi, alors mes rêves vont se réaliser.

Je garderai la tête haute, et je vais persévérer.
Quel que soit le résultat, j'aurai au moins essayé.
J'ai toutes les compétences pour trouver la bonne voie.
La persévérance me rend plus fort, elle fait partie de moi. »

QUAND LES CHOSES SE COMPLIQUENT

N'ABANDONNE PAS

DIS-TOI : « JE PEUX LE FAIRE ! »

DEMANDE DE L'AIDE

RESPIRE PROFONDÉMENT

ESSAIE AUTREMENT

Rendez-vous ici pour obtenir votre coloriage

Chers lecteurs,
Merci d'avoir choisi mon livre !

Voici la septième histoire du petit Nick dans la série Le monde des émotions des enfants. Elle a pour but de familiariser les enfants avec le concept de persévérance, de leur apprendre à poursuivre leurs rêves et à ne jamais abandonner en cours de route. J'ai reçu de nombreuses critiques positives sur mes précédents livres, et j'espère que vous aimerez également celui-ci !

Bien entendu, je vous remercie tout particulièrement, vous, mes jeunes lecteurs ! Ce sont vos commentaires et vos mots gentils qui me motivent le plus à écrire de nouveaux livres sur les expériences de Nick ! Voilà pourquoi j'aimerais connaître votre avis d'expert : quel sujet vous semblerait le plus intéressant pour mon prochain livre ?

N'hésitez pas à me faire part de vos réflexions et de vos idées. Vous pouvez m'écrire à l'adresse elizabethcole.author@gmail.com ou visiter le site www.ecole-author.com.

J'apprécierais également beaucoup que vous laissiez un commentaire sur mon livre : cela aidera grandement les autres lecteurs !
Voici le lien vers La persévérance me rend plus fort sur Amazon.

Bien à vous.
Elizabeth Cole

Manufactured by Amazon.ca
Acheson, AB